AF454823

ANTIQUITÉS

DE PERSE & DE SYRIE

BELLES FAÏENCES DE FOUILLES

MINIATURES, MANUSCRITS ENLUMINÉS ANCIENS

ASSIETTES, PLATS, BOLS ET POTICHES

VERRES IRISÉS, BRONZES & LAQUES

GRAND BAHUT PERSAN

ÉTOFFES, SOIERIES ET BRODERIES

Objets divers

BEAUX TAPIS DE PERSE

ET D'ORIENT

DONT LA **VENTE** AURA LIEU

HOTEL DROUOT — SALLE N° 7

Le Jeudi 29 Janvier 1914

à 2 heures précises

COMMISSAIRE-PRISEUR :
Me G. FRANÇOIS
23, Rue Le Peletier, 23

EXPERT-ANTIQUAIRE :
M. E. D. PIGNATELLIS
10, Rue de Montpensier, 10

CHEZ LESQUELS SE DISTRIBUE LE CATALOGUE

EXPOSITION PUBLIQUE

A L'HOTEL DROUOT, le Mercredi 28 Janvier 1914, de 2 h. à 6 h.

NOTA. — Les TAPIS seront vendus à 4 h. 30

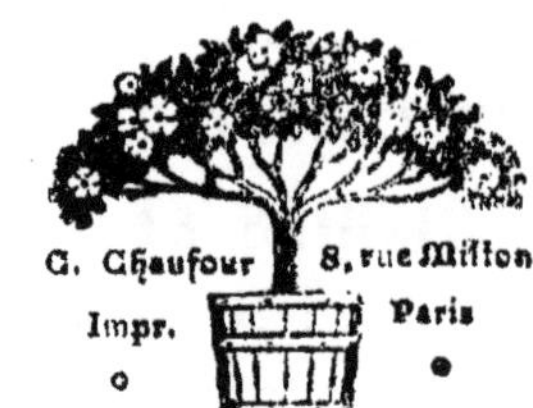

G. Chaufour
Impr.
8, rue Milton
Paris

CONDITIONS DE LA VENTE

La vente sera faite expressément *au comptant*.

Les acquéreurs paieront **dix pour cent en sus** *des prix d'adiudication.*

L'exposition publique mettant les acquéreurs à même de se rendre compte de l'état et de la nature des objets mis en vente, il ne sera admis *aucune réclamation* une fois l'adjudication prononcée.

L'Expert se réserve le droit de grouper ou de diviser les lots.

M. E. D. Pignatellis se charge aux conditions habituelles (5 o/o sur le chiffre des adjudications) des commissions qu'on voudra bien lui confier.

L'ordre des numéros du Catalogue pourra ne pas être suivi.

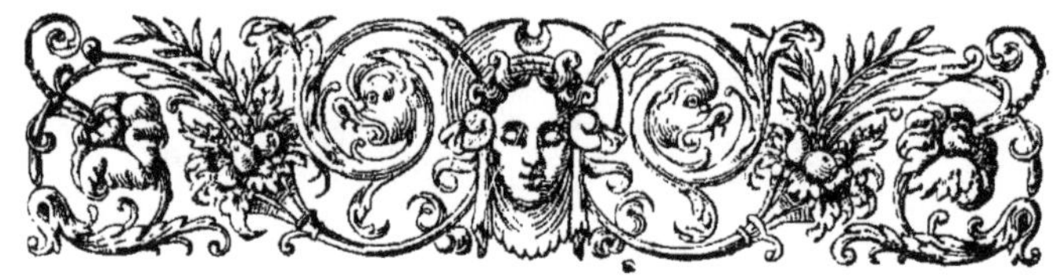

DÉSIGNATION

ASSIETTES, BOLS ET VASES

DE PERSE ET BOUKHARA

1 — *Bouteille* à reflets métalliques.

2 — Deux *assiettes*, décor bleu et noir et inscription persane sur fond blanc.

3 — Deux pièces : *bol* et *assiette*, décor noir sur fond turquoise.

4 — Quatre petites *assiettes*, décor bleu et noir sur fond blanc.

5 — Quatre petites *assiettes*, décor bleu, marron et bleu et noir sur fond blanc.

6 — Quatre petites pièces, décor bleu et noir sur fond crème : deux petits *vases* et deux petites *assiettes*.

7 — Deux *bouteilles*, décor bleu et noir sur fond blanc.

8 — Deux *assiettes*, décor bleu et noir sur fond blanc.

9 — Trois *assiettes*, décor bleu et noir sur fond blanc.

10 — Deux pièces : *bol à jour*, décor bleu et noir sur fond blanc et *bonbonnière*, décor noir sur vert.

11 — Deux petits *vases*.

12 — Cinq *assiettes* Boukhara, décor noir sur fond turquoise.

13 — Cinq *assiettes* Boukhara.

14 — Cinq *assiettes* Boukhara.

15 — Trois *bols* Boukhara.

16 — Trois *bols* Boukhara.

17 — Trois *bols* Boukhara et Chouchi.

18 — Trois *bols* Chouchi.

19 — Trois petits *vases* turquoise.

20 — Deux *assiettes*, décor noir sur fond turquoise.

20 *bis* — *Vase* terre cuite application de cire.

FAIENCES DE FOUILLES DE SYRIE

21 — Petit *vase* romain vert turquoise irisé.

22 — Deux petits *bols* profonds Rakka turquoise. Bien irisé.

23 — Grand *vase* à reflets métalliques.

24 — Beau *bol* Rakka, décor noir sur fond vert turquoise irisé.

25 — *Vase* Rakka turquoise, décor en relief.

26 — Grand *plat* Rakka à reflets métalliques.

26 *bis* — *Bol* à reflets métalliques bien irisé.

27 — *Bol* Rakka, décor noir, sujet animal sur fond crème.

27 *bis* — *Bol* Rakka à reflets métalliques.

28 — Grand *bol* Rakka, décor noir sur fond crème irisé.

28 *bis* — Deux petits *bols* Rakka, décor noir sur fond turquoise irisé.

29 — Beau *vase à anse* Rakka, turquoise irisé, décor en relief.

30 — *Vase* cylindrique, décor rayures bleues sur fond crème bien irisé.

FAIENCES DE FOUILLES DE PERSE

31 — Petit *vase* à anse turquoise.

32 — *Bol* turquoise, décor et inscription coufique gravés.

33 — Deux faïences : petit *vase* à deux anses et petite *assiette*, décor noir sur fond turquoise bien irisé.

34 — Beau petit *plat* Sultanabad, décor vert et noir sujet lapin sur fond crème irisé.

35 — *Bol* à reflets métalliques, décor sujet personnage.

36 — *Gobelet* Sultanabad, décor noir et bleu sur fond crème tout irisé.

37 — *Vase à anse* gris, décor en relief.

38 — Grand *bol* à reflets métalliques, décor sujet dix-neuf personnages.

39 — Deux petits *vases* bleu d'outremer.

40 — Grand *vase* Sultanabad, décor vert, bleu et noir sur fond blanc irisé.

41 — Beau *vase cylindrique* à reflets métalliques, décor sujets oiseaux.

42 — Trois petites faïences bleues à reflets métalliques, *deux lions* et un *oiseau*.

43 — Trois petites faïences bleues : petite *assiette* irisée et deux tout petits *vases*.

44 — *Coupe à pied* bleue à reflets métalliques.

45 — Beau *bol* profond, bleu d'outremer décor en relief sujets sphinx et animaux.

46 — *Bol* profond turquoise, décor en relief sujets sphinx.

47 — *Bol* à reflets métalliques, décor sujets cinq personnages.

48 — *Œnochoé* à deux anses à reflets métalliques.

49 — *Bol* à reflets métalliques, beau décor. A l'extérieur, inscription coufique.

50 — Belle *carafe* à reflets métalliques, fin décor sujets quatorze personnages en deux rangs; au-dessus cercle d'animaux.

51 — Trois petites faïences : *bol* bleu à reflets métalliques et deux petits *encriers* à reflets métalliques et Sultanabad.

52 — Grand *plat* à reflets métalliques, décor sujets cavaliers et inscription coufique.

53 — *Bol* bicolore à reflets métalliques, décor sujet paon.

54 — Deux *bols* à reflets métalliques, décor sujets trois personnages et fleurs.

55 — *Œnochoé à anse* à reflets métalliques.

56 — Petit *plat* creux à reflets métalliques, décor sujets trois personnages, animaux et le soleil.

57 — Très intéressant *bol* Rhagès, décor polychrome sujets le roi, deux ministres et inscription coufique.

58 — *Bol* profond à reflets métalliques.

59 — Trois petits *bas-reliefs* en terre cuite.

60 — *Fragment de plaque de revêtement* à reflets métalliques, décor en relief, sujet personnage assis.

61 — Belle *étoile* à reflets métalliques, décor sujet cavalier.

62 — Petit *bol* à jour turquoise.

63 — *Bol* turquoise.

64 — *Vase* décor en relief.

65 — *Vase à anse,* décor noir et inscription arabe sur fond blanc irisé.

66 — *Vase à deux anses,* décor noir sur fond bleu irisé.

67 — *Vase à anse* turquoise.

68 — *Bol* décor vert, inscription arabe sur fond noir.

69 — Deux *bols,* bleu d'outremer et blanc.

70 — *Bol* à jour blanc.

71 — *Bol* blanc, bords filet noir.

72 — *Bol* à reflets métalliques, décor sujets cavaliers et inscription coufique.

73 — *Bol* bicolore à reflets métalliques.

74 — *Bol Rey,* décor polychrome sur fond blanc irisé.

75 — Beau et grand *vase* à deux anses turquoise bien irisé, décor en relief.

76 — Petit *bol,* décor noir et bleu sur fond blanc. Irisé.

77 — *Bol* blanc, décor marron et gravé.

78 — Grand *bol* blanc, décor bleu.

79 — Quatre pièces : *bol* à reflets métalliques et trois *fonds de bols.*

80 -- Trois pièces : deux *vases* terre cuite et *vase* marron.

81 — Beau *bol Rhagès,* décor polychrome, sujets dix personnages et inscription coufique.

82-83 — Vingt intéressantes *faïences* de fouilles de Perse.

Ce lot sera divisé.

83 *bis* — *Bol,* rayures bleues sur fond blanc.

POTICHES DE PERSE

84-85 — Vingt *potiches* de Perse.

Ce lot sera divisé.

GRAND BAHUT PERSAN

86 — Beau et grand *bahut* persan ancien en bois de noyer, incrusté nacre.

Dim. : Larg.: 1m50; Long.: 0m57; Haut. : 1m07.

VERRES IRISÉS

DE SYRIE ET DE PERSE

87 — Deux verres : *œnochoé* à anse et *flacon*.

88 — Deux petits verres : *datte* et *flacon* pomiforme bicéphale.

88 *bis* — Trois verres : deux *flacons* à deux anses et *vase*.

89 — Deux verres : *œnochoé* à anse et *flacon*.

90 — Deux *gobelets* bien irisés.

90 *bis* — Trois petits *flacons* de différentes formes.

91 — Deux verres : *vase* pomiforme et *coupe* profonde.

91 *bis* — Deux verres : toute petite *coupe* et *flacons* jumeaux.

92 — Deux verres : *flacon* pomiforme, goulot évasé. et *œnochoé* à anse, goulot trilobé.

93 — Deux différents *flacons*.

94 — Deux *flacons*, pointu et pomiforme.

95 — Deux *coupes*, côtelée et profonde.

96 — Deux *bouteilles*, irisation argentée.

97 — Deux *bouteilles* pomiformes.

98 — Deux *bouteilles* pomiformes.

99 — Beau *flacon* pomiforme.

99 *bis* — Trois pièces : deux *bracelets* et *flacons* jumeaux.

100 — Six *verres* de différentes formes.

101 — Belle et grande *bouteille* pomiforme jaune sur la panse, décor en relief.

102 — Trois verres : *flacon* pomiforme, petit *bol* et *encrier*.

103 — Quatre verres : *coupe*, deux petits *vases* et *flacon*.

104 — Quatre verres : deux *coupes*, *tasse* et petit *vase*.

105 — Trois vases : deux *coupes* et *bol*, décor en relief.

106 — Deux verres : *colonne* et *coupe*.

107 — Trois *verres*.

108 — Dix petits *verres*.

109 — Douze petits *verres*.

110 — Quatorze petits *verres*.

111 — Deux verres : *coupe* et *flacon* pomiforme.

112 — Quatre verres ; *porte-fleurs* et trois *flacons*.

113 — Trois pièces : deux *verres* et petit *vase* terre cuite.

114 — Grande *tasse* à anse. Irisée.

115 — Vingt petits *verres*, mauvais état.

116 — *Bol* vert décor en relief.

117 — Deux *bols*, mauvais état.

118 — Six petits verres : deux *coupes* et quatre petits *flacons*.

119 — Quinze petits *verres*, mauvais état.

120 — Six *verres*.

BRONZES DE PERSE

121 — *Brûle-parfums* à trois pieds, inscription persane.

122 — Deux *tasses*, décor gravé.

123 — *Colonne à jour*, inscription arabique.

124 — Trois *coupes*.

125 — *Coupe* de cartomancier, décor gravé.

126 — Huit petits bronzes : *poudrier*, trois *flacons*, *boule*, *chandelier* et deux *tasses*.

127 — Vingt petits bronzes : *clefs*, *outils*, *amphore*, etc.

128 — Dix petits bronzes : *lampes*, *bols*, etc.

129 — Douze petits bronzes : *flacons*, *cuillères*, *bols*, etc.

MINIATURES

MANUSCRITS ENLUMINÉS ET LAQUES DE PERSE

130 — *Miniature* indo-persane du XVIIe siècle : portrait d'Indien. Encadrée.

131 — *Miniature* indo-persane du XVIIe siècle : portrait d'Indienne. Encadrée.

131 *bis* — *Miniature* du XVIIIe siècle: portrait de femme.

132 — *Miniature* du XVIIe siècle: le roi Khosrow reçoit son peuple qui lui offre des présents.

133 — Deux *miniatures*: fleurs et oiseaux et exécution d'un condamné en présence du roi.

134 — *Miniature* du XVIIe siècle: la femme Madjnoun et ses animaux.

134 *bis* — *Miniature* d'un touriste persan. Encadrée.

135 — *Miniature* du XVIIe siècle: le roi et son harem.

135 *bis* — *Miniature* du XVIIe siècle: le Roi se rend à cheval demander conseil à un savant qui vient à sa rencontre.

136 — *Miniature*: Jugement d'un militaire prisonnier.

136 *bis* — *Miniature*: l'arrivée du roi à la ville.

137 — Petit *Coran* ancien avec deux garde-pages polychromes. Belle et fine écriture arabe. Reliure laque de Perse, décor polychrome, fleurs.

138 — *Manuscrit arabe*. Reliure en cuir, décor doré en relief.

139 — *Miniature*: le Roi et sa suite à la chasse. Belle bordure du XVIe siècle.

140 — *Miniature*: Prêtre habillé en blanc. Belle bordure du XVIIe siècle.

141 — *Manuscrit* avec sept miniatures. Reliure en cuir vert.

142 — *Manuscrit* avec un frontispice et sept minia tures. Reliure en cuir noir.

143 — Grand *manuscrit* du XVIIIe siècle avec un frontispice et sept miniatures. Reliure en cuir noir.

143 *bis* — Trois *miniatures*: prairie, derviche et femme persane.

144 — Quatre pièces: trois *miniatures* et *texte persan*.

145 — Quatre *miniatures*.

146 — Cinq *miniatures*.

147 — *Reliure* en laque de Perse, décor polychrome et doré, fleurs.

148 — Deux *reliures* en cuir rouge et noir, décor doré.

149 — *Album de calligraphie*. Poésies persanes.

150 — Beau *Coran* du commencement du XVIIIe siècle en fine écriture arabe traduite en encre rouge en persan. Deux garde-pages et quatre pages magnifiquement et finement décorées. Reliure en cuir noir.

151 — Petit *manuscrit* de prières du XVIIIe siècle, écrit sur feuilles en bois, travail très fin. Belle reliure en laque de Perse, décor polychrome, fleurs.

152 — Petit *manuscrit* avec un frontispice et dix-sept miniatures.

153 — Beau *manuscrit* du XVIe siècle avec deux garde-pages, plusieurs frontispices et cinq miniatures polychromes. Belle reliure en laque de Perse, décor polychrome, fleurs.

154 — Beau *manuscrit* du XVIe siècle avec quatre garde-pages, plusieurs frontispices et treize miniatures polychrome, richement encadrées. Belle reliure en laque de Perse, décor polychrome, fleurs.

155 — Très intéressant et beau *manuscrit* du XVIe siècle : *Rhamsée-Nizami* (cinq histoires par *Nizami*). *Soixante miniatures polychromes* belles et fines, et *cinq frontispices* en mosaïque. Très fine écriture persane. Reliure en cuir, décor doré.

156 — *Plumier* en laque de Perse, très fin décor polychrome, sujets personnages, cavaliers, fleurs et animaux.

157 — *Plumier* en laque de Perse, décor polychrome, sujets cavaliers, paysages, etc.

158 — *Coffret* en bois incrusté ivoire et dorures.

159 — *Reliure* en laque de Perse, fleurs et oiseaux.

159 *bis* — *Reliure* en laque de Perse, fleurs et oiseaux.

160 — Deux pièces : *Boîte à miroir*, bois incrusté ivoire et dorures, et *petite reliure* laque polychrome, fleurs.

161 — Grande *boîte à miroir*, laque polychrome, personnage et feuillage.

162 — *Plumier*, laque polychrome, personnages et animaux.

162 *bis* — *Plumier*, laque polychrome, personnages et fleurs.

TAPIS DE PERSE ET D'ORIENT

163 — *Tapis Herate*, dessin polychrome, double médaillon et quatre angles, fond bleu foncé. Bordure palmettes.

2m95 sur 1m50.

164 — *Tapis Chiraz*, dessin polychrome, fond bleu foncé. Triple bordure.

2m25 sur 1m50.

165 — *Tapis Rahvar* (Kerman), dessin polychrome sur fond blanc. Large bordure jaune entourée de cinq autres étroites, fond bleu foncé.

3m sur 1m20.

166 — *Tapis Gachegaï*, fond bleu, bordures fond blanc.

1m40 sur 1m.

167 — *Tapis Chiraz*, dessin polychrome, palmettes, fond bleu ; bordure fond blanc.

1m70 sur 1m.

168 — *Tapis Ahmed-Abbad* (Ispahan), fond bleu.

1m80 sur 1m12.

169 — *Tapis Gachegaï*, fond bleu ; bordure blanche.

1m60 sur 1m20.

170 — *Tapis Arag*, fond rouge.

1m70 sur 1m10.

171 — *Tapis Hamedan*, fond rouge et médaillon bleu ; trois bordures jaune et bleu.

1m75 sur 1m20.

172 — *Tapis Kermanshah*, fond rouge, médaillon fond bleu. Cinq bordures.

1m70 sur 1m20.

173 — *Tapis Karamanie*, fond bleu et rouge.

2m sur 1m35.

174 — *Tapis Karamanie*, fond bleu, rouge et blanc.

2m35 sur 1m30.

175 — *Tapis Karamanie*, fond rouge et bleu.

176 — *Tapis Ghaim*, fond bleu, bordure avec palmettes sur fond rouge.

2m02 sur 1m35.

177 — Petit *tapis Sultanabad*, fond bleu.

178 — *Beau tapis Gachegai*, fond bleu, bordure corail.

2m75 sur 1m40.

179 — *Tapis Chiraz* velouté, fond bleu, cinq bordures.

2m23 sur 1m46.

180 — *Tapis* velouté, fond bleu à petits polygones polychromes, trois bordures. Belle pièce.

2m35 sur 1m45.

181 — *Beau tapis Veramine*, fond rouge, souple, velouté, palmes blanches, sept bordures.

4m47 sur 1m90.

182 — *Tapis Saroukh*, fond bleu à encoignures rouges, couvert petits motifs, au milieu losange blanc, trois bordures.

2m25 sur 1m40.

183 — Superbe *ancien tapis de galerie Chiraz*, encoignures blanches quadrillées, trois polygones blancs, bordure rose.

3m28 sur 1m60.

184 — *Tapis Schirvan*, fond rouge, trois médaillons, encoignures bleues.

1m40 sur 0m96.

185 — *Tapis Schirvan*, fond rouge, quatre médaillons, bordure bleue.

1m45 sur 0m88.

186 — *Tapis de Caucase*, fond bleu clair, trois grands médaillons.

1m70 sur 0m93.

187 — *Tapis* de *Caucase* fond bleu, deux médaillons, encadrement jaune, trois bordures.

1m45 sur 1m.

188 — *Tapis Mazlagan*, fond bleu, deux médaillons fond bleu, belle bordure.

2m sur 1m24.

189 — *Tapis* ancien de *Smyrne*, dessin polychrome.

2m85 sur 1m95.

190 — *Tapis Chiraz* fond bleu.

2m10 sur 1m10.

191 — *Tapis Moussoul* fond noir.

2m25 sur 0m85.

192 — *Tapis Chiraz*, fond bleu.

1m80 sur 1m30.

193 — *Tapis Chiraz*, fond bleu.

1m45 sur 1m10.

194 — *Tapis Khorassan*, fond bleu.

1m15 sur 0m95.

195 — *Tapis Schoumak*, fond rouge.

2m80 sur 1m50.

196 — *Tapis* de galerie *Arag*.

2m50 sur 1m10.

197 — *Tapis Blouteslan,* dessin noir et blanc sur fond grenat.

1m55 sur 1m82.

198 — Deux petits *tapis* de canapé, dessin polychrome.

199 — Beau *Tapis Chiraz,* dessin polychrome fond bleu.

Environ 5m sur m3.

200 — Deux *rideaux* de cinq bandes polychromes de *Djidjim.*

201 — *Rideau* de six bandes polychromes de tapis de *Djidjim.*

202 à 205 — *Tapis* de Perse.

ÉTOFFES & BRODERIES DE PERSE

206 — Ancienne *broderie* persane en soie, très beau décor polychrome, fleurs et feuillage sur fond argenté. Pièce doublee de collection.

207 — *Etoffe* arabe soie rouge, décor crème, inscription arabique.

208 — Petit *panneau* ancien soie, décor polychrome fleurs.

209 — Grand *rideau* toile imprimée.

209 *bis* — Trois *panneaux* soie, fond doré, décor polychrome.

210 — Deux *écharpes* anciennes, soie brodée fil, métal doré et fil soie.

210 *bis* — Deux *panneaux* soie brodée fil, métal doré ou argenté.

OBJETS DIVERS

211 — Onze *terres cuites* provenant de fouilles de Grèce : six statuettes, deux animaux, un oiseau, un masque et une amande.

Ce lot sera divisé.

212 — Deux *statuettes* terre cuite.

212 *bis* — *Statuette* de Vénus, albâtre.

213 — *Statue* de saint en bois peint.

213 *bis* — *Statuette* de femme drapée, marbre.

214 — *Partie de narghilé*, œuf d'autruche sculpté, décor sujet personnage, monté argent.

214 *bis* — *Statuette* assyrienne, os.

215 — *Salière* en bois, décor doré sur fond noir.

216 — *Statuette* de Chine, ivoire.

217 — Quatre *colliers* en perles, pâte de verre et phéniciennes.

218 — Deux *fourneaux* de narghilé, bronze monté de turquoise et rubis et damasquiné or, décor sujet chasse.

218 *bis* — *Canif* ancien à seize lames.

219 — *Couteau* pour la chasse des lions, manche cuivre doré et lame acier, décor en relief, sujets éléphant, lion et cavalier.

220 — *Poignard*, manche ivoire sculpté.

220 *bis* — *Poignard*, manche ivoire.

221 — Trois grands *plats* de Chine, décor polychrome.

Ce lot sera divisé.

222 — Quatre *assiettes* et deux *couvercles*, décor bleu.

223 — *Bas-relief* funéraire, personnage et inscriptions hittites.

224 — Quatre pièces: *flacon*, *verre* arabe, *carafe*, *tasse* et *flacon* avec bouchon.

225 — Cinq pièces, trois terres cuites: *tablette* assyrienne, *médaillon*, *momie*, et deux cuivres: *croix* et *bague*.

226 — Quatre pièces: *flacon* cristal de roche, *intaille* en verre et deux *ivoires*.

227 — Deux plombs: *chandelier* et *médaillon*.

227 *bis* — Deux *peintures* persanes sur métal blanc.

228 — Objets omis.

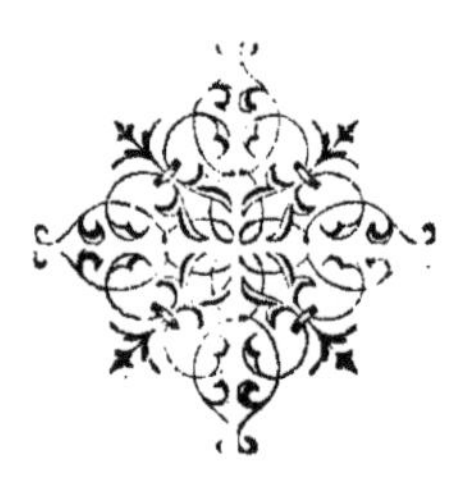

www.ingramcontent.com/pod-product-compliance
Ingram Content Group UK Ltd.
Pitfield, Milton Keynes, MK11 3LW, UK
UKHW021043260726
13994UKWH00005B/2337

9 782329 486932